LETTRE

*DU FERMIER des Droits de Halle & du Marché de la Ville de ***, à son Confrere le Fermier des mêmes Droits à ***.*

VOUS avez bien raison, mon cher Confrere, de vous féliciter avec moi sur le retour de l'ancienne légiflation des Marchés, & de bénir les bons Meffieurs les Politiques de Paris qui fe font donné tant de peine pour abroger le nouveau fyftême qui nous faifoit tant de tort. Un Arrêt qui fera bien-tôt fuivi d'une loi folemnelle & générale, fondée fur les mêmes principes, nous affure enfin, comme vous dites, à l'égard des Grains & des Farines, la jouiffance entiere & perpétuelle de tous nos Droits. Mais il me paroît par votre Lettre, que vous n'avez pas conçu tout l'avantage qu'on nous accorde en rétablissant les anciens Réglements. J'espère, dites-vous, que nous gagnerons quelque chose à cette révolution.

Qu'appellez-vous quelque chose, mon cher Confrere ? Sçachez que c'est environ *douze millions* de recette annuelle que nous assurent par leurs instances & par leurs soins les bons Messieurs les Politiques de Paris.

Oui, mon Ami, *douze millions* chaque année à partager entre nous autres Fermiers des Droits de Halles & de Marchés dans tout le Royaume ! Je vais vous en faire toucher la preuve au doigt ; car vous sçavez que le calcul est mon fort.

Premiérement , mettez-vous bien dans la tête qu'il se vend pour le moins trente millions de septiers de grain de toute espece dans tout le Royaume pendant l'espace d'une année ; j'entends de septiers mesure de Paris, qui pesent en froment environ deux cent quarante livres.

Il ne se mange pas trente millions de septiers *qui aient été vendus*. Mais prenez garde, mon cher Confrere , que le même grain est fort souvent vendu & revendu plusieurs fois avant d'être mangé ; sur-tout quand on observe exactement la police des Marchés.

Les Fermiers & les Propriétaires Nobles, Ecclésiastiques ou Bourgeois, vendent nécessairement leurs grains aux Marchés de campagne les plus voisins ; parce qu'ils sont obligés de garnir suffisamment ces Marchés en tous les temps ; & que les Juges de Police sont trop zelés pour négliger de les y contraindre. Dans les petits Marchés, le grain est très souvent acheté par de petits Blatiers qui vont le revendre dans les grandes Villes. Souvent encore les petits Blatiers ne les revendent pas à des particuliers consommateurs, mais à de gros Marchands qui font la provision de Paris ou des Capitales de Provinces, celle des Troupes, des Hôpitaux, ou à des gens qui font le commerce de Farines.

Les seconds acquereurs vendent une troisieme fois ; & par ce moyen il y a beaucoup de grain qui avant d'être mangé, a fait en bled & farine trois fois le voyage du Marché.

Donc, mon cher Confrere, quinze

ou dix-huit millions de septiers qui se mangent après avoir été vendus & revendus, forment au total une somme de plus de trente millions de ventes ou reventes.

Or, quinze ou dix-huit millions de septiers ne font que la nourriture de sept ou huit millions de personnes dans une année ; car chaque personne mange plus de deux septiers par an, mesure de Paris, l'un portant l'autre ; même trois septiers, suivant le Traité de la Police, par Lamarre.

Croyez-vous maintenant qu'il n'y ait pas dans le Royaume plus de sept ou huit millions de personnes qui achetent leur pain ? Vous sçavez bien le contraire : Donc les ventes & reventes se montent, comme j'ai dit, dans l'espace d'un an, à trente millions de septiers : premier point.

Ceci posé, mon cher Confrere, il faut considérer que nos Droits à nous tous dans les Provinces, se montent à la trentieme partie de ventes que nous prélevons en nature sur les Grains & Farines exposés dans les Marchés ; je sçais que les Droits sont fort inégaux, & qu'il y a nombre de nos Confreres bien plus avantagés que les autres : les uns ont droit de lever le quinzieme ; d'autres le vingtieme ; d'autres le trentieme , & d'autres moins. Il y a aussi des Villes franches , & où il n'y a aucun Droit de Halle & Marché : Vous n'exigez pas sans doute là-dessus un calcul précis ; il ne me seroit pas possible de vous le donner ; mais en combinant les Droits qui se perçoivent dans quantité de Villes que je connois , je ne crois pas exagérer en portant mon évaluation au trentieme : Donc trente millions de septiers de ventes & reventes nous font exactement un million de septiers de recette pour les Droits de Halles & Marchés dont nous sommes Fermiers : second point.

Maintenant comptons le septier de toute espece de Grains , mesure de Paris , douze francs seulement. C'est bien peu ; car le seigle se vend plus de vingt livres ; & le froment plus de vingt-quatre livres dans tout le Royaume.

Un million de septiers à douze livres , n'en font pas moins *cinq cents mille louis dor* , ou *douze millions de livres tournois* , qui nous reviennent tous les ans ; vous voyez que je porte

l'eſtimation au plus bas, & vous pen-
ſez bien que je puis compter le ſeptier à dix-huit livres ; ſi vous trouvez
donc trop forte l'évaluation générale
de nos Droits au trentieme, réduiſez-
la d'un tiers, mettez-la au quarante-
cinquieme, & le ſeptier à dix-huit
livres, vous retrouverez toujours mes
douze millions.

Oui, mon Ami, *cinq cents mille louis
d'or*, tel eſt le riche préſent que les
bons Politiques viennent de nous faire.
Il eſt juſte & néceſſaire que vous &
tous nos Confreres connoiſſiez parfai-
tement l'étendue du bienfait, afin d'y
proportionner la reconnoiſſance.

L'Arrêt & la nouvelle Déclaration
que nous ſçaurons bien faire exécuter,
puiſque nous ſommes ſi richement
payés pour cette attention, empêchent
abſolument toute vente & revente
qui ſe feroit hors des Marchés : c'étoit-
là le point capital de ces Meſſieurs ;
& Dieu merci, les Officiers de Police
de toutes les Provinces ſont bien dé-
terminés à y tenir la main.

Obſervez, je vous prie, mon cher
Ami, que depuis près de huit ans,
tous nos baux ſont renouvellés ; alors
il étoit permis de vendre & d'acheter

par-tout hors des Marchés, ce qui étoit le comble du désordre ; en conséquence, nous avons plutôt diminué qu'augmenté le prix de nos fermes. A présent donc que les Politiques Parisiens nous ramenent l'ancien ordre, toutes les ventes & reventes, sans nulle exception, se feront dans les Marchés, & non ailleurs ; les Grains & les Farines nous payeront donc une, deux, ou trois fois notre trentieme à pur profit ou bénéfice pour nous.

Dans le fait, ce n'est pas là une grosse charge pour le Peuple, comme pourroient le dire quelques envieux de notre bonheur ; elle se paie insensiblement en nature, & par petites portions.

D'ailleurs, cette charge se partage tout naturellement entre les Fermiers & les Propriétaires Nobles, Ecclésiastiques ou Bourgeois vendeurs de grains, d'une part ; & les Magistrats, Bourgeois, Commerçants & Artisans des Villes acheteurs, d'autre part ; personne ne s'en apperçoit.

En effet, un Laboureur amene *quinze septiers* à mon Marché ; j'en prends *la moitié d'un* pour mon Droit, comme de raifon ; il en refte *quatorze & demi* à vendre ; le Fermier les vend à un Blatier fur le pied de vingt francs, ou deux piftoles le feptier ; il reçoit donc *ving-huit piftoles & demi*, ou *deux cents quatre-vingt-dix livres*.

Le Fermier fait fon compte, & dit : *quinze feptiers* ne m'ont produit que *deux cents quatre-vingt-dix livres* d'argent, fur quoi il faut déduire la dépenfe de ma charrette, de mes chevaux, de mes hommes qui font détournés de leur ouvrage ; donc, je retire de mon Bled à-peu-près, *dix-huit livres dix fols* quitte & net par feptier ; il a raifon, car il n'en retire que ce prix, fur-tout s'il évalue les pertes de temps, les fauffes dépenfes.

Le Blatier dit : les *quatorze feptiers & demi* m'ont coûté *deux cents quatre-vingt-dix livres*, il me faut bien une piftole pour frais & faux-frais, & pour mon profit ; ce n'eft pas trop, fur vingt-huit piftoles & demi ; il faut donc que je les vende *trente piftoles* ou *trois cents livres*.

Mais quand le Blatier va vendre à un fecond Marché, notre Confrere prend, comme de raifon, pour Droits de Halle *un demi-feptier moins une*

trentieme *partie de septier*, puisqu'il per-
çoit sur quatorze septiers & demi.

Le second acheteur n'a donc que
quatorze septiers & un trentieme pour le
prix de trois cents livres. Il dit : le
Bled coûte *vingt-une livres sept sols le
septier* ; & il a raison, car il lui re-
vient à ce prix.

Si ce second acheteur est un Marchand de Bled, ou un Meûnier vendeur de Farine, comme il arrive souvent, il faudra une troisieme revente
au Marché, soit en grains, soit en
farines ; le troisieme de nos Confreres prendra sur les *quatorze septiers*
qui restent, environ *un demi-septier
moins deux trentiemes*, comme de raison.
De plus, le Marchand ou le Meûnier
prendra au moins une pistole pour
ses frais, faux-frais & bénéfice ; ce
n'est pas trop sur *trois cents livres*.

Donc, le troisieme acheteur qui
mangera le pain, n'aura que *treize
septiers & demi trois trentiemes*, ou *un
dixieme de septier*, & payera *trois cents
dix livres*, ou *trente-une pistoles* ; il dira
donc ; le Bled est à ving-deux livres
seize sols, & il aura raison.

Vous voyez, mon Ami, que voilà
trois comptes successifs qui font mon-

ter de la maniere la plus insensible ; le prix du bled depuis *dix-huit livres dix sols* qu'en retire à grand'peine le premier vendeur, jusqu'à *vingt-deux livres seize sols* qu'en paie le dernier acheteur. Eh bien ! personne au monde ne s'en apperçoit ; on n'en souffle seulement pas.

Si on alloit dire mal-à-droitement en bloc, il faut renchérir tout le bled du Royaume d'un *cinquieme* & plus pour le peuple consommateur des Villes, & en même-temps le diminuer d'un *cinquieme* pour les Propriétaires des Campagnes, ou leurs Fermiers vendeurs ; c'est ce qui paroîtroit énorme, tant il est vrai que l'expres-sion & la maniere font tout en France ?

De même, par exemple, si on avoit dit : imposez *la moitié d'un ving-tieme* sur tout le Royaume, non pas au profit du Roi, mais au profit des particuliers qui sont Fermiers des Droits de Halles & de Marchés ; quels cris épouvantables ne se seroient pas élevés contre une pareille proposi-tion ? Cependant, mon Ami, il est très vrai que *la moitié d'un vingtieme* imposé à notre profit, ne nous rap-

porteroit pas tant que les *douze mil-*
lions qui nous font affurés par ces bons
Meffieurs les Politiques de Paris.

Oh, qu'ils connoiffent bien le Peuple , & qu'ils ont grand'raifon ! Le
principal, c'eft que les Marchés foient
toujours bien garnis de grains, de
farines , & de refpectables Officiers
qui en reglent la vente , afin que le
Peuple des Villes ne fe déshabitue
pas de croire que le Peuple de la
campagne eft fait pour lui ; qu'il eft
obligé de nourrir les Villes à bon
marché , & que c'eft-là le point capital du Gouvernement.

Ce n'eft point à nous à examiner &
à fonder les motifs qui ont engagé à
rétablir de toutes parts la police des
Grains , qu'un efprit paffager de fyftême , & l'amour de la nouveauté
avoient fupprimé. Des Critiques par-
tifans de cette nouveauté , & qui ne
voient dans les meilleures chofes que
des inconvéniens , ne manqueront
pas de dire qu'il eft indifférent pour
le confommateur , que le pain qu'il
cuit ou qu'il achete chez le Boulan-
ger, ait payé , ou non , les Droits de
Halles , qu'il n'en eft pas meilleur,
& qu'il en devient plus cher.

Il peut arriver que le pain en foit un peu plus cher ; mais cette légere augmentation n'eſt-elle pas bien compenſée par l'agrément de voir les Marchés bien garnis ; par l'avantage de mettre ainſi toute la proviſion en évidence, & ſous la main des Magiſtrats faits pour y veiller, pour empêcher les arrhements & les monopoles ; pour forcer les Propriétaires des grains quels qu'ils ſoient, de les exhiber ; pour meſurer la permiſſion des enlevements pour les autres Provinces, ſur l'approviſionnement dont on eſt aſſuré ; pour diſtribuer avec prudence les heures du Marché aux différents acheteurs, &c. &c.

Si j'étois auſſi verſé dans les queſtions politiques, que dans la perception & le calcul des Droits de ma Ferme, je ſerois en état de vous découvrir tous les avantages qui réſultent de cette ſage police. Mais ne ſuffit-il pas de conſidérer que cette police des Marchés, eſt le fruit de la prudence conſommée de nos Peres, qui ne l'ont inſtituée que par de puiſſantes raiſons, & qui s'en ſont ſi bien trouvés ; ne ſuffit-il pas de conſidérer que nos Magiſtrats, après avoir eſſayé d'abandonner la route frayée par nos Peres, ont été forcés d'y revenir, & de rétablir le bon ordre qu'un esprit dangereux de nouveauté avoit entrepris de renverser.

Ne nous amusons donc pas à politiquer. La police des Marchés est bonne pour nous ; cela nous suffit ; & il faut bien qu'elle soit également bonne pour le Peuple, puisque tous MM. les Juges de Police se montrent de toutes parts si zelés pour la maintenir, & que le Gouvernement approuve leur zele par son silence.

Ne nous oublions pas dans une circonstance si favorable ; secondons de tout notre pouvoir le zèle des Magistrats, & qu'ils puissent compter sur notre vigilance. La branche de Finance que nous traitons, a infiniment plus d'agrément que toutes les autres ; elle est pour nous aussi utile qu'honorable. Le Peuple, loin de nous voir de mauvais œil, comme les autres *Travailleurs en Finance*, nous regarde comme ses amis & ses défenseurs : il voit avec plaisir & reconnoissance les soins que nous prenons pour faire arriver exactement tous les Grains au Marché ; pour dé-

couvrir ceux qui pourroient être vendus en fraude ; pour dépister tous les
marchés secrets , & dénoncer tous les
Laboureurs , Propriétaires & Marchands qui tenteroient de se souftraire
à cette police si sage.

Voilà notre miffion , voilà le ser-
vice que le Public attend de nous.
Les Juges de Police nous regarderont
comme les Miniftres de leurs ordres ,
& les gens les plus propres à seconder
leurs vues. Nous ne perdrons pas nos
peines. Sçachons profiter de la for-
tune qui se préfente ; redoublons de
foins pour faire exécuter le salutaire
Arrêt & les Loix solemnelles qui le
fuivront ; & pour remplir dignement
les intentions de MM. les Juges de
Police , veillons fur tous les Fermiers
& Propriétaires de nos diftricts , fur
les Blatiers , Marchands , Meûniers ,
fur les Boulangers , & fur tous les
habitants des Villes ; afin qu'aucun
d'eux n'ait la hardieffe de vendre ou
d'acheter un feul grain de Bled ailleurs
que dans nos Marchés ; & après ,
au préalable , avoir acquitté nos Droits.
Profitons du zèle très ardent de tous
MM. les Officiers de Police , auxquels
l'habitude de l'adminiftration des dé-

tails a donné sur cette partie les vues
les plus justes & les plus étendues, &
qui sont remplis de bonne volonté.

Cinq cents mille louis d'or ! Oui,
mon Ami, cinq cents mille louis d'or
seront chaque année la récompense
de nos soins ; je vous en souhaite une
bonne part : j'espere que la mienne ne
sera pas la plus mauvaise.

Je suis, mon cher Confrere,

Votre très - humble
*Serviteur ***.*

1. Nov. 1770.

www.ingramcontent.com/pod-product-compliance
Lightning Source LLC
LaVergne TN
LVHW021819060726
842528LV00004B/1425